GUIDA ALLA RISOLUZIONE ALTERNATIVA DELLE CONTROVERSIE IN MATERIA BANCARIA E FINANZIARIA

A cura del Dr.
Sacco Fabio

Copyright *Lulu Editore 2013*

è vietata la riproduzione anche parziale, effettuata a qualsiasi titolo, e certo quella ad uso personale nel limite massimo del 15% della presente opera.

INDICE

Introduzione   **PG 4**

Terminologia   **PG 6**

CAPITOLO I   **PG 10**
Alternative Dispute Resolutions nel ramo bancario e finanziario

1.1 Evoluzione della giustizia stragiudiziale nel ramo bancario e finanziario

1.2 Fin-Net

1.3 Reclamo e Osservatorio

CAPITOLO II   **PG 18**
Conciliatore bancario e finanziario

CAPITOLO III   **PG 23**
Arbitrato bancario e finanziario

CAPITOLO IV   **PG 29**
Consob

CAPITOLO V   **PG 40**
Le altre figure

SCHEDE RIASSUNTIVE   **PG 41**

CONCLUSIONI   **PG 46**

BIBLIOGRAFIA   **PG 47**

SITOGRAFIA   **PG 48**

INTRODUZIONE

Alternative Disputes Resolution, meglio noti come sistemi alternativi di risoluzione delle controversie, strumenti usati da sempre per la loro capacità di risolvere in modo pacifico, rapido, economico e in alcuni casi gratuito, qualsiasi controversia che abbia come oggetto diritti disponibili. Un indubbio vantaggio per le parti in causa ma non solo, lo sa bene l'Associazione Bancaria Italiana(ABI), che nel 1997 ha istituito la figura del Giurì Bancario, con lo scopo di fornire un mediatore imparziale capace di risolvere le liti insorte tra cliente e istituto bancario, da lì a poco saranno poi nate altre figure competenti in materia come la Consob e l'Arbitrato Bancario Finanziario. Indubbiamente gli strumenti alternative alla giustizia ordinaria esistono e sono numerosi, ciò che ancora oggi forse non esiste è la chiarezza e l'informazione su tali strumenti, e così anche quando si può fare uso della giustizia e non dell'avvocato, il cittadino si trova costretto ad avvalersi di un legale. Scopo del libro è appunto quello di cercare di fare chiarezza e mettere a disposizione del lettore tutte le informazioni più utili per riuscire a muoversi rapidamente e in modo informato nella risoluzione alternativa delle controversie nel ramo bancario e finanziario.

A tale scopo verrà trattata la materia in questione con l'uso di un linguaggio semplice e chiaro, dunque alla portata anche del lettore meno esperto, senza tuttavia tralasciare elementi importanti quali i riferimenti normativi per i lettori più competenti in materia.

TERMINOLOGIA

- **Alternative Dispute Resolutions(ADR),** tradotto in Italiano, Sistema Alternativo di Risoluzione delle controversie. Con tale termine vengono indicate tutte quelle procedure attraverso le quali è possibile risolvere in via stragiudiziale(senza ricorrere alla giustizia dei magistrati) una controversia su un qualsiasi diritto disponibile. I vantaggi sono molto evidenti nella riduzione dei costi e dei tempi.

- **ARBITRATO**, disciplinato dagli articoli che vanno dal 806 al 840 CPC, è una procedura molto formale, che segue un rigido rito scelto inizialmente dalle parti insieme al/agli arbitro/i. Il rito è seguito da uno o più arbitri(la legge prevede che siano sempre in numero dispari) che assicurando di essere terzi e imparziali, agiscono come fossero dei giudici, decidendo una soluzione per il conflitto tra le parti dopo avere ascoltato le rispettive ragioni. La decisione che viene presa dall'arbitro ha effetti vincolanti per le parti e prende il nome di Lodo.

- **MEDIAZIONE,** a differenza dell'arbitrato, è una procedura abbastanza informale, con cui le parti grazie all'aiuto di un soggetto terzo è imparziale tendono a negoziare la loro lite. Il mediatore dunque non giudica come nell'arbitrato, ma aiuta le parti, a riattivare fra loro un dialogo. Se grazie al suo contributo le parti raggiungono un accordo(Conciliazione), questo non ha natura vincolante, ma può acquisire titolo esecutivo se le parti optano per l'omologazione del giudice.

- **CONCILIAZIONE,** assume due diversi significati, quello di accordo riuscito della mediazione, e quello di una altra procedura molto simile alla mediazione. Lo strumento della Conciliazione segue una precisa procedura attraverso la quale, le parti tentano ad avvicinare i loro punti di vista per trovare una soluzione al conflitto. Questo si ottiene tramite l'aiuto di un terzo soggetto imparziale, che riveste il ruolo di Conciliatore ed è una figura pubblica(di solito il Giudice). L'accordo che le parti hanno raggiunto ha la stessa valenza di quello raggiunto con una mediazione. Anche se ricorda di molto la Mediazione, si distingue da questa soprattutto in quanto, nella mediazione il soggetto terzo e imparziale conduce le parti a proporre la soluzione migliore, nella conciliazione, il conciliatore appunto, esercita un ruolo più diretto nel processo di risoluzione della controversia, e consiglia direttamente le parti nell'adozione di soluzioni.

- **SERVIZI BANCARI**, sono tutti quelli offerti dalle banche e dagli istituti di credito, riguardanti la gestione di un conto corrente, i servizi di emissione di titoli di pagamento oppure di gestione delle cassette di sicurezza.
- **SERVIZI FINANZIARI**, sono tutti quegli strumenti previsti dall'articolo1, del TUF, e cioè i valori mobiliari (azioni, obbligazioni e altri titoli di

debito), gli strumenti del mercato monetario, le unità di un organismo di investimento collettivo del risparmio, nonché gli strumenti finanziari derivati. I soggetti autorizzati allo svolgimento dei servizi finanziari sono principalmente le imprese di investimento e le banche. Il TUF tuttavia autorizza, in relazione alla prestazione di singoli servizi, anche altri soggetti, come le società di gestione del risparmio, le società di gestione armonizzate, e gli intermediari finanziari regolarmente iscritti nell'elenco speciale previsto dal TUB.

CAPITOLO I

(Alternative Dispute Resolutions nel ramo bancario e finanziario)

1.1 Evoluzione della giustizia stragiudiziale nel ramo bancario e finanziario

I metodi alternativi di risoluzione delle controversie esistono da secoli, ne troviamo traccia in numerosissime fonti storiche, dal pentateuco alle 12 tavole Romane, mente nel settore bancario e in quello finanziario se ne sentirà parlare solo a partire dal 1809, in quell'anno infatti nasceva in Svezia la figura dell'Ombudsman tradotto in italiano come "uomo che funge da tramite", di fatto un mediatore. Il suo scopo, era quello di vigilare per conto del cittadino sull'operato della Pubblica Amministrazione anche nel settore finanziario e bancario.

Dalla Svezia questo nuovo strumento per trattare le liti in

un settore così importante, si è poi diffuso in molti Paesi europei, anche in Italia conosceremo questa figura che prenderà il nome di Giurì Bancario e solo nel 1997 per volontà della ABI(Associazione Bancaria Italiana). Nel 2005 poi assumerà carattere istituzionale, trasformandosi in una associazione e offrendo maggiori servizi di risoluzione alternativa delle controversie agli interessati, in modo tale da far ottenere una soluzione rapida, efficace e gratuita alle controversie fra banche e clienti.

Al Giurì bancario dal 1° gennaio 2006, possono ricorrere gratuitamente tutti i clienti, mentre i consumatori privati hanno sempre potuto richiedere il giudizio del Giurì sin dalla sua nascita nel 1997 in quanto rientravano nella categoria "consumatori".

Ma il legislatore non si è accontentato solo del Giurì e così ha fornito alla Consob una Camera di conciliazione e arbitrato con la legge per la tutela del risparmio e la disciplina dei mercati finanziari (L.n. 262/2005). Tale legge ha istituito una procedura di conciliazione e di arbitrato in ambito Consob per la decisione di controversie insorte fra i risparmiatori o gli investitori non professionali e le banche o gli altri intermediari finanziari, circa l'adempimento degli obblighi di informazione, correttezza e trasparenza previsti nei rapporti contrattuali con la clientela aventi ad oggetto servizi di investimento o di gestione del risparmio collettiva.

Nel 15 ottobre del 2009 è stato istituito un nuovo organo, l'Arbitro bancario finanziario, noto anche con l'acronimo ABF, per la risoluzione stragiudiziale delle controversie tra clienti e intermediari finanziari. Esso è a differenza del Giurì nasce per volontà della banca d'Italia che lo presenta come un organismo indipendente e imparziale operante presso la stessa, questo ha sottratto competenze all'Ombudsman che tuttavia conserva il primato nelle controversie aventi ad oggetto i servizi e le attività di investimento.

Il D. Lgs. n. 28/2010(che disponeva l'obbligatorietà degli ADR in alcune specifiche materie) aveva rivoluzionato anche il settore bancario e finanziario, stabiliva infatti che "chi intende esercitare in giudizio un'azione relativa ad una controversia in materia di contratti assicurativi, bancari e finanziari, è tenuto preliminarmente a esperire il procedimento di mediazione ai sensi del presente decreto ossia il procedimento di conciliazione previsto dal decreto legislativo 8 ottobre 2007, n.179, ovvero il procedimento istituito in attuazione dell'articolo 128-bis del testo unico delle leggi in materia bancaria e creditizia di cui al decreto legislativo 1° settembre 1993, n. 385, e successive modificazioni, per le materie ivi regolate". Tale legge prevedeva dunque l'obbligo di ricorrere alternativamente a uno degli organismi abilitati alla mediazione in quanto iscritti al registro del Ministero di Giustizia; purtroppo a partire dal novembre del 2012 questa obbligatorietà è venuta meno, in quanto il Dlgs in questione è stato ritenuto incostituzionale per "eccesso di delega", di certo rimangono i numerosi dati positivi che gli ADR anche nel settore bancario e finanziario hanno prodotto, ma questo purtroppo non è bastato a convincere gli interessati.

1.2 Fin-Net

La tutela dei consumatori di qualsiasi settore, è da sempre uno dei principali motivi che spinge la Comunità Europea ad attuare misure e strumenti idonei allo scopo. Un esempio lo si ha anche nel campo di competenza del presente testo, attraverso l'istituzione nel 2001 di FIN-Net la rete europea nata per agevolare la risoluzione extragiudiziale delle controversie nel settore finanziario, nei casi in cui il prestatore dei servizi sia stabilito in uno Stato membro diverso da quello in cui risiede il consumatore. Istituita a seguito della pubblicazione della propria Raccomandazione n.° 98/257/EC, sui principi applicabili agli organi responsabili per la risoluzione extragiudiziale delle controversie in materia di consumo, tale network riunisce su basa volontaria, oltre 35 organi nazionali di mediazione specializzati nei settori bancario, finanziario e assicurativo che si sono impegnati, in un Protocollo di intesa, a rispettare i principi diretti a garantire la correttezza e l'efficacia delle loro procedure. Gli obbiettivi del Network sono in sintesi: Fornire al consumatore un accesso semplice ed informato alla risoluzione extragiudiziale delle liti transfrontaliere, aiutando il consumatore a individuare l'organismo e il metodo più adatto al suo caso, di solito tramite l'uso della Mediazione; Assicurare un efficiente scambio di informazioni tra i sistemi europei al fine di un trattamento delle liti transfrontaliere che sia il più rapido, efficiente e professionale possibile; Migliorare la qualità dei sistemi ADR in tutta la comunità Europea, provvedendo per esempio che i differenti diversi Stati membri applichino una serie di garanzie minime comuni(il Cd. Memorandum d'intesa)

1.3 Reclamo e Osservatorio

Il sistema di risoluzione alternativa delle controversie in materia bancaria e finanziaria è molto articolato, il legislatore e l'iniziativa privata, hanno infatti messo a disposizione del cliente, oltre ai soggetti che verranno singolarmente trattati nei capitoli che seguono, numerosi strumenti per chiarire una controversia nata nei confronti di un istituto, come il reclamo diretto alla banca. Prima di potere accedere all'utilizzo delle istituzioni il cliente ha l'obbligo di presentare un reclamo scritto a mano libera o su appositi moduli all'ufficio reclami competente, infatti all'interno di ogni ente bancario e creditizio è presente un apposito ufficio reclami che a reclamo ricevuto dovrà rispondere rispondere al cliente entro 30 giorni. In alternativa il cliente se il suo reclamo riguarda una questione di trasparenza e chiarezza, può rivolgersi direttamente e sempre per iscritto alla Banca d'Italia, quest'ultima, esamina con i suoi esperti gli esposti con cui i clienti segnalano comportamenti anomali o scorretti di banche e intermediari finanziari. La Banca d'Italia risponde al cliente, chiedendo anche all'intermediario di rispondere nel modo più esaustivo, preciso e tempestivo, e infine verifica la sua risposta. L'attività di gestione degli esposti non costituisce un procedimento amministrativo ai sensi della legge 241/1990. Tuttavia ella non può prendere decisioni nel merito della controversia perché, se intermediario e cliente non raggiungono un accordo, la decisione spetta o all'Arbitro Bancario e Finanziario o all'autorità giudiziaria, a seconda dei casi.

Il reclamo non serve solo a consentire l'accesso alle altre forme di giustizia alternativa, ma può consentire alle parti di chiarirsi e dunque non rovinare i rapporti e ridurre ulteriormente i tempi della risoluzione della lite già insorta o che sta per insorgere. Ulteriore possibilità per il cliente è quella di rivolgersi agli speciali Osservatori del credito istituiti presso le Prefetture dei capoluoghi di regione con la legge 28 gennaio 2009, con lo scopo di monitorare l'andamento della crisi finanziaria mondiale. Tra i tanti compiti assegnati per raggiungere tale obbiettivo, quello di raccogliere e gestire i reclami dei clienti che ritengono si essere stati danneggiati dalla "non" erogazione del credito. Ricevuto e valutato l'esposto questo trasmette all'organo superiore della banca nei confronti della quale è stata effettuata la lamentela. L'organo superiore di quella banca dovrà fornire una risposta al cliente ed informare di tale riposta il Prefetto. La prefettura mantiene in evidenza solo la statistica del tutto. Tale strumento non ha avuto un grande successo forse anche a causa della scarsa pubblicità ma comunque dopo che nel 2010 era stato interrotto, è ripartito con il Decreto Legge n.1 del 24 gennaio 2012 cd. "Disposizioni urgenti per la concorrenza, lo sviluppo delle infrastrutture e la competitività".

CAPITOLO II

(Conciliatore bancario e finanziario)

Come già in precedenza trattato, su iniziativa dei primi dieci gruppi bancari e con il coordinamento dell'Associazione Bancaria Italiana nel 1993 viene istituita la figura dell'Ombudsman, meglio noto come Giurì Bancario con lo scopo di garantire ai clienti una figura giudicante a cui avrebbero potuto rivolgersi gratuitamente, quando gli istituti bancari non fornivano, o fornivano una risposta insoddisfacente ai reclami presentati, riducendo così tempi e costi rispetto alla giustizia ordinaria. Il successo ottenuto da questo nella risoluzione delle controversie condusse, nel 2005 alla nascita del Conciliatore Bancario e Finanziario, un Associazione(a cui oggi aderiscono ben 1.150 Associati tra cui banche, alcune società finanziarie e Poste Italiane) senza fini di lucro con l'obbiettivo di risolvere le controversie bancarie, finanziarie e societarie, tramite l'utilizzo degli ADR.

L'associazione oltre a fornire il classico servizio dell'Ombudsman/Giurì Bancario, mette infatti a disposizione dei clienti altri metodi alternativi, e a pagamento di risoluzione delle controversie in materia bancaria e finanziaria, tra cui un Organismo di conciliazione bancaria, un pool di mediatori specializzati e regolarmente iscritti presso l'apposito registro tenuto dal Ministero della Giustizia, una Camera Arbitrale che gestisce i ricorsi arbitrali mediante propri arbitri, infine offre anche un servizio di formazione e aggiornamento dei mediatori grazie all'iscrizione con il n.111 nell'elenco tenuto dal Ministero della Giustizia degli Enti abilitati a tale scopo.

Il Conciliatore Bancario e Finanziario ha ottenuto nel 2012 il riconoscimento della personalità giuridica con provvedimento della Prefettura di Roma, in quanto lì vi ha sede, e si compone dei seguenti organi: Presidente, Segretario Generale, Consigli, Collegio dei Revisori, Collegio dei Probiviri.

L'associazione ha comunque mantenuto un servizio unico nel suo genere per la storia di cui vanta, per la procedura e soprattutto per la gratuità per entrambe le parti, ossia l'Ombudsman/Giurì Bancario.

Tale strumento a partire dal 2006 può essere richiesto esclusivamente per le materie non gestite dall'Arbitro Bancario Finanziario e cioè controversie attinenti a servizi e attività di investimento.

Le condizioni richieste per accedere al Giurì bancario sono le seguenti:

- Avere presentato una richiesta scritta e documentata dei fatti denunciati esclusivamente da parte del cliente.
- Essersi rivolti all'Ufficio reclami senza avere avuto alcuna risposta, oppure essere trascorso meno di un anno dalla decisione non soddisfacente dell'Ufficio reclami.
- Avere subito un danno quantificabile in un valore non superiore a 50.000 euro o a 10.000 euro per operazioni o servizi posti in essere prima del 10 gennaio 2006.
- Non essersi già rivolti all'Autorità giudiziaria, a un Collegio arbitrale o a un organismo conciliativo.

Il Giurì dopo avere ricevuto la richiesta e avere valutato l'esistenza dei requisiti per la procedibilità, provvede ad informare tempestivamente e per iscritto l'intermediario interessato.

L'Ombudsman si compone di un un Presidente, scelto tra persone di riconosciuta esperienza, professionalità e indipendenza, e nominato dal Presidente del Consiglio di Stato con un mandato di cinque anni rinnovabile una sola volta, e un Collegio, i cui membri sono scelti tra persone di riconosciuta esperienza, indipendenza e professionalità, che durano in carica tre anni con mandato rinnovabile una sola volta, e da quattro componenti, nominati dal Conciliatore Bancario Finanziario, designati come segue: uno dal Consiglio nazionale dei consumatori e degli utenti, uno da almeno tre delle seguenti associazioni rappresentative delle altre categorie di clienti: Confindustria (Confederazione Generale dell'Industria Italiana), Confcommercio (Confederazione Generale Italiana del Commercio, del Turismo e dei Servizi), Confagricoltura (Confederazione Generale dell'Agricoltura Italiana), Confartigianato (Confederazione Generale Italiana dell'Artigianato); uno dall'Associazione Bancaria Italiana, scelto tra gli iscritti all'Ordine degli avvocati; uno dall'Associazione Bancaria Italiana, scelto tra gli iscritti all'Ordine dei dottori commercialisti e degli esperti contabili.

Le decisioni dell'Ombudsman sono assunte a maggioranza dei presenti e, comunque, con non meno di tre voti favorevoli e, in caso di parità di voti, al voto del Presidente o, in sua assenza, del vice Presidente è attribuito valore doppio. La decisione motivata deve essere presentata dal Giurì entro novanta giorni dalla richiesta di intervento o dall'ultima comunicazione utile del richiedente ed è vincolante per l'intermediario, le situazioni possibili tuttavia sono due, l'Ombudsman riconosce la ragione del cliente e assegna alla banca o alla finanziaria un termine per eseguire quanto deciso e se la banca o finanziaria non si conforma alla decisione la notizia dell'inadempienza viene pubblicata sulla stampa, oppure la decisione dell'Ombudsman Giurì bancario non soddisfa, e in questo caso rimane comunque il diritto di rivolgerti all'Autorità giudiziaria perché la decisione dell'Ombudsman è vincolante per la banca ma non per il cliente.

CAPITOLO III

(Arbitrato bancario e finanziario)

L'Arbitro Bancario Finanziario(ABF) è un organismo e strumento di risoluzione alternativa delle controversie che nasce con l'articolo 128-bis del Testo unico bancario (TUB), introdotto dalla legge sul risparmio n. 262 del 2005. Il Comitato Interministeriale per il Credito e il Risparmio (CICR) con una Delibera del 29 luglio 2008, ha poi stabilito i criteri per lo svolgimento delle procedure di risoluzione delle controversie e ha affidato alla Banca d'Italia il compito di curarne l'organizzazione e il funzionamento.

Banca d'Italia con il Comunicato del 18 giugno 2009, ha pubblicato un provvedimento in merito alle "Disposizioni sui sistemi di risoluzione stragiudiziale delle controversie in materia di operazioni e servizi bancari e finanziari". L'Arbitro Bancario Finanziario si compone di:

- Un Organo decidente articolato sul territorio nazionale, distribuito su tre Collegi: uno a Milano, uno a Roma e uno a Napoli.

- Una Segreteria tecnica (svolta dalla Banca d'Italia), che ha il compito di seguire la parte burocratica della procedura

In ciascun Collegio, l'Organo decidente si compone di cinque membri:

- Il Presidente e due membri, scelti dalla Banca d'Italia
- Un membro, designato dalle associazioni degli intermediari
- Un membro, designato dalle associazioni che rappresentano i clienti.

Mentre il Presidente resta in carica per cinque anni, gli altri membri restano per tre anni e per entrambi, il mandato è rinnovabile una sola volta.

Tutti i componenti devono possedere requisiti di esperienza, professionalità, integrità e indipendenza.

La composizione di ciascun Collegio deve rispettare i criteri di imparzialità previsti dalla legge e deve assicurare che gli interessi dei diversi soggetti coinvolti siano rappresentati.

All'Arbitro Bancario Finanziario possono essere sottoposte le controversie in materia di servizi Bancari e Finanziari tra il cliente e :

- Banche, intermediari finanziari iscritti negli elenchi di cui agli art. 106 e 107 del Testo Unico Bancario (TUB) nonché i confidi e i cambiavalute di cui all'art.155 del TUB;
- Istituti di moneta elettronica (IMEL) che operano in Italia;
- Poste Italiane, esclusivamente per l'attività di Bancoposta;
- Banche e intermediari esteri operanti in Italia.

Si può presentare ricorso scritto L'Arbitro Bancario nei casi sopra riportati solo se:

- L'importo chiesto all'istituto dal cliente, non supera i 100.000,00 euro;
- Il cliente chiede soltanto l'accertamento di diritti, obblighi e facoltà;

- Non riguarda le materie di competenza esclusiva della Consob;
- Non riguardano beni o servizi diversi da quelli bancari e finanziari;
- Si è già presentato un reclamo all'apposito ufficio della banca e non si riceve risposta entro 30 giorni oppure se non è soddisfatto della risposta data;
- Se non si è già rivolti all'autorità giudiziaria, ad arbitri o a conciliatori;
- Se le operazioni riguardano operazioni o comportamenti posteriori al 1° gennaio 2007.

La richiesta deve essere presentata dal cliente purché non siano trascorsi più di 12 mesi dalla presentazione del reclamo all'intermediario.

La richiesta avviene sull'apposito modulo reperibile sul sito dell'ABF o presso tutte le filiali della Banca d'Italia, allegando anche la ricevuta del pagamento di 20 euro come contributo per le spese della procedura.

A carico del ricorrente l'obbligo di avvisare l'intermediario con lettera raccomandata AR o per posta elettronica certificata, al ricevimento della quale ha a disposizione al massimo 45 giorni per inviare alla Segreteria tecnica le proprie motivazioni.

La Segreteria tecnica svolge l'istruttoria esclusivamente sulla base della documentazione fornita dalle parti, tuttavia se lo ritiene necessario, può chiedere alle parti di fornire ulteriori documenti.

Per incentivare gli accordi volontari delle parti, la legge dispone che se nel corso del procedimento il Collegio rileva che per la controversia è stato avviato un tentativo di conciliazione, il Collegio cede la competenza riservandosi tuttavia di riprendere il procedimento in caso di esito negativo, mentre invece se la controversia viene portata dall'intermediario anche all'attenzione dell'autorità giudiziaria o di arbitri, la Segreteria tecnica invita il cliente a dichiarare quale percorso preferisce scegliere.

Il Collegio si pronuncia entro 60 giorni dalla data in cui la Segreteria tecnica ha ricevuto le controdeduzioni da parte dell'intermediario oppure dalla data di scadenza del termine di presentazione. La decisione è presa a maggioranza ed è sempre motivata e comunicata dalla Segreteria tecnica alle parti entro 30 giorni dalla pronuncia. Se il ricorso è accolto anche solo in parte, il Collegio fissa il termine entro il quale l'intermediario deve adempiere alla decisione; se non è fissato alcun termine, l'intermediario deve adempiere entro 30 giorni dalla comunicazione della decisione.

Se l'intermediario non rispetta la decisione o non collabora al funzionamento della procedura, anche se la decisione risulta di fatto un atto non avente titolo esecutivo, il suo inadempimento è pubblicato sul sito dell'arbitro, sul sito web della Banca d'Italia e, a spese dell'intermediario, in due quotidiani ad ampia diffusione nazionale.

Si può sempre e comunque ricorrere all'autorità giudiziaria.

CAPITOLO IV

(Consob)

CoNSoB acronimo che sta per Commissione Nazionale per le Società e la Borsa, un'autorità amministrativa indipendente istituita con la legge n. 216 del 7 giugno 1974, e dotata con la legge 281 del 1985 di personalità giuridica e autonomia, con lo scopo di tutelare gli interessi degli investitori, l'efficienza, la trasparenza e lo sviluppo del mercato mobiliare italiano.

Prima dell'istituzione della CONSOB tali compiti erano assolti dal Ministero del Tesoro, un organo dunque per niente indipendente, ci si rese allora conto che era necessaria un'autorità che, per competenza tecnica, prontezza nelle decisioni e alta specializzazione, vigilasse in piena autonomia sul mercato.

Tra le funzioni svolte oggi dalla Consob si ricordano: La regolamentazione della prestazione dei servizi di investimento, gli obblighi informativi delle società quotate e le offerte al pubblico di prodotti finanziari; La vigilanza sulle società di gestione dei mercati e sulla trasparenza e l'ordinato svolgimento delle negoziazioni, nonché sulla trasparenza e correttezza dei comportamenti degli intermediari e dei promotori finanziari; Il dovere/potere di sanzionare i soggetti vigilati, direttamente o formulando una proposta al Ministero dell'Economia e delle Finanze; L'accertamento di eventuali andamenti anomali delle contrattazioni su titoli quotati.

Queste e altre sono le funzioni che la legge assegna a tale organismo per raggiungere i suoi obbiettivi, e a partire dalla legge n. 262/2005(legge per la tutela del risparmio e la disciplina dei mercati finanziar) aumentano le competenze istituendo una Camera di conciliazione per la decisione di controversie insorte fra i risparmiatori o gli investitori non professionali e le banche o gli altri intermediari finanziari, circa l'adempimento degli obblighi di informazione, correttezza e trasparenza previsti nei rapporti contrattuali con la clientela aventi ad oggetto servizi di investimento o di gestione del risparmio collettiva.

La legge istitutiva della camera, ha poi ricevuto attuazione con il D. lgs. n. 179/2007 e nel 2012 con il nuovo regolamento Consob l'organismo ha provveduto ha disciplinare l'organizzazione della Camera e le procedure. Le nuove funzioni della Consob si sono dunque espanse fino al settore della risoluzione alternativa delle controversie nella specifica materia di sua competenza, e questo tramite l'uso della Conciliazione e dell'Arbitrato che tuttavia non vanno confusi con i classici sistemi offerti dal Conciliatore Bancario e dell'Arbitrato Bancario e Finanziario, la struttura, il procedimento e la decisione sono infatti molto diversi da questi.

Gli strumenti ADR che la legge 262 del 2005 assegna alla CONSOB esclusivamente in materia di risoluzione di controversie insorte tra gli investitori e gli intermediari per la violazione da parte di questi degli obblighi di informazione, correttezza e trasparenza previsti nei rapporti contrattuali con gli investitori, sono l'Arbitrato nella forma Amministrata e Semplice e la Conciliazione. Entrambi gli strumenti sono gestiti dalla Camera che si compone di un Presidente e da due membri con mandato triennale e nominati dalla Commissione che effettua la sua scelta tra i dipendenti in servizio della Consob appartenenti alla carriera direttiva superiore che non siano preposti o assegnati ad unità organizzative con funzioni di vigilanza ovvero sanzionatorie nelle materie di competenza della Camera. Per ciascuno dei componenti viene nominato un supplente, avente gli stessi requisiti, che sostituisce il componente effettivo in caso di assenza o di impedimento.

La Camera oltre a gestire i servizi di arbitrato e di conciliazione; cura la tenuta degli elenchi dei conciliatori e degli arbitri e provvede al loro aggiornamento; stabilisce e aggiorna il codice deontologico dei conciliatori e degli arbitri; promuove i servizi di arbitrato e conciliazione.

Le deliberazioni della Camera sono adottate collegialmente con la presenza di tutti i componenti, eventualmente sostituiti dai rispettivi supplenti, e a maggioranza dei votanti.

Di seguito le caratteristiche dei sistemi Adr a pagamento per entrambe le parti in lite, gestiti e adottati dalla Camera:

1. **Conciliazione Stragiudiziale**, disciplinata dagli articoli 11-20 del Regolamento Consob, prevede quali condizioni di ammissibilità dell'istanza di conciliazione: che la domanda venga presentata per iscritto esclusivamente dall'investitore e correlata del relativo pagamento delle spese di avvio del procedimento; Che non siano già state avviate, anche su iniziativa dell'intermediario cui l'investitore abbia aderito, altre procedure di conciliazione; Che sia stato già presentato reclamo all'intermediario cui quest'ultimo abbia fornito espressa risposta ovvero sia decorso il termine stabilito dall'intermediario per la trattazione del reclamo senza che l'investitore abbia ottenuto risposta. La Camera valuta l'ammissibilità dell'istanza entro otto giorni dal suo deposito, invitando l'istante a procedere entro un congruo termine a eventuali integrazioni e correzioni. Se ritiene l'ammissibilità dell'istanza, entro otto giorni dal suo deposito ovvero delle integrazioni e correzioni richieste, invita l'intermediario ad aderire al tentativo di conciliazione trasmettendo

l'istanza, con le eventuali correzioni e integrazioni, prodotta dall'investitore. A questo punto, l'intermediario, entro i dieci giorni successivi all'invito della Camera, comunica la propria adesione al tentativo di conciliazione. La Camera, una volta ricevuta l'adesione dell'intermediario al tentativo di conciliazione e verificati i presupposti per l'avvio della conciliazione sulla base della documentazione prodotta dalle parti, procede senza indugio a nominare un conciliatore iscritto nell'elenco. Per la nomina la Camera applica i criteri di seguito elencati, ispirandosi ai principi di equa distribuzione degli incarichi e di tendenziale parità di trattamento tra generi: vicinanza territoriale all'investitore; esperienza e competenza maturate dal conciliatore sulle questioni specifiche oggetto della controversia; esito delle controversie già assegnate. Nel corso della procedura il conciliatore è tenuto a comunicare tempestivamente alla Camera e alle parti eventuali circostanze sopravvenute idonee a incidere sulla sua indipendenza e imparzialità. La procedura di conciliazione si ispira infatti ai principi dell'imparzialità, della garanzia del contraddittorio, dell'immediatezza, della concentrazione e dell'oralità ed è coperta da riservatezza in tutte le sue fasi. Il Conciliatore nominato, conduce gli incontri senza formalità di procedura e senza obbligo di verbalizzazione e nel modo che ritiene più opportuno, tenendo conto delle circostanze del caso, della volontà delle parti e della necessità di trovare una rapida soluzione alla lite. La procedura che di regola, si svolge nel luogo in cui è il domicilio del conciliatore si conclude entro sessanta giorni dalla data di deposito dell'istanza, tuttavia il conciliatore, può con il consenso delle parti, prorogare tale termine per un periodo non superiore a ulteriori sessanta giorni, esclusivamente nei casi indicati dall'art 17 del Regolamento, per esempio quando è necessario acquisire informazioni e documenti indispensabili ai fini dell'esperimento del tentativo di conciliazione. Ad accordo raggiunto si firma apposito verbale che potrà acquisire su richiesta delle parti, titolo esecutivo tramite omologazione del tribunale.

2. **Arbitrato Ordinario**, è una forma di arbitrato amministrato dunque un arbitrato rituale(segue le norme del codice di procedura civile) in cui le parti di una lite, chiedono l'intervento di un organismo preposto alla gestione e al controllo del procedimento arbitrale secondo regole contenute in un apposito regolamento. Per essere attivato, necessita di una apposita convenzione tra le parti, tramite una clausola del contratto sottoscritto dall'investitore o in un'apposita convenzione stipulata da entrambi. In assenza di ciò, ciascuna parte può comunque farne richiesta con gli atti indicati all'articolo 810, primo comma, del codice di procedura civile. La clausola inserita nel contratto, in ogni caso, non vincola l'investitore, che è sempre libero di portare la controversia di fronte al giudice ordinario. L'arbitrato ordinario si svolge di fronte a un arbitro unico, salvo che le parti non decidano di ricorrere a un collegio,

composto da tre membri. Gli arbitri sono scelti dalle parti tra i soggetti iscritti nell'apposito elenco elenco tenuto dalla Camera.

L'arbitrato ha sede presso la Camera, salvo che le parti dispongano diversamente. Il procedimento richiede per avere inizio, che le parti depositino presso la Camera, entro dieci giorni dalla notifica, gli atti indicati all'articolo 810, primo comma del codice di procedura civile e gli atti eventualmente notificati, unitamente alla convenzione di arbitrato e ai documenti attestanti il pagamento della tariffa prevista dall'articolo 30 dello statuto. Nel corso della prima riunione gli arbitri chiedono alle parti una somma di denaro in acconto dei diritti loro spettanti nonché delle spese di difesa che le parti sosterranno per ottenere la decisione, stabilendone, altresì, i criteri di ripartizione fra le parti. La somma di denaro da versare in acconto è determinata dalla Camera dietro proposta degli arbitri. Gli arbitri pronunciano il lodo nel termine di centoventi giorni dall'accettazione della nomina. Tuttavia, Il termine può essere prorogato prima della sua scadenza per un periodo non superiore a centoventi giorni. Il lodo di pronuncia a pari di una sentenza è a tutti gli effetti titolo esecutivo.

3. **Arbitrato Semplificato**, è una procedura volta a "indennizzare" con una somma di denaro, l'investitore per il danno sofferto, nei limiti della prova raggiunta e per il solo danno patrimoniale subito ai sensi dell'articolo 37, comma 2. L'arbitrato semplificato può essere chiesto esclusivamente dall'investitore che abbia già sottoposto un reclamo all'intermediario e non si è avuta risposta entro 90 giorni, purché sia previsto nel contratto di investimento sottoscritto o in una apposita convenzione arbitrale. La comparizione personale delle parti davanti all'arbitro unico nominato, avviene non oltre quindici giorni dalla accettazione. Nel corso della udienza l'arbitro verifica la regolarità del contraddittorio, interroga liberamente le parti, richiede ad esse, sulla base dei fatti allegati, i chiarimenti necessari e indica le questioni rilevabili d'ufficio delle quali ritiene

opportuna la trattazione. Al termine della trattazione, salvo che ricorrano particolari condizioni che consiglino la fissazione di una nuova udienza da celebrarsi entro i venti giorni successivi, l'arbitro invita le parti a precisare le conclusioni. Nei venti giorni successivi alla data di precisazione delle conclusioni, l'arbitro pronuncia il lodo sulla base dei documenti prodotti e tenendo conto degli elementi emersi nel corso dell'udienza. Il lodo che ha titolo esecutivo, viene depositato presso la Consob. Quando si impugna d'avanti l'autorità giudiziale il lodo semplificato, la corte di appello, non può mai decidere la controversia nel merito.

CAPITOLO V

(Le altre figure)

Il Conciliatore Bancario Finanziario, l'Arbitrato Bancario Finanziario e la Camera di conciliazione presso la Consob, di certo possono vantare competenze e anni di esperienza nel settore, oltre che una solida struttura organizzativa, ma tuttavia non sono gli unici soggetti autorizzati ad intervenire nella risoluzione alternativa delle controversie in materia bancaria e finanziaria. Sono numerosi i soggetti privati che operano nel settore della mediazione in quanto regolarmente iscritti nell'apposito Registro tenuto dal Ministro della Giustizia, questi hanno tutte le competenze tecniche e la giusta imparzialità per potere mediare nelle controversie sorte, tra il cliente e le istituzioni. Il servizio è chiaramente a pagamento, e può essere richiesto da entrambe le parti(dunque nessuna esclusiva per il cliente) anche se non esiste alcuna clausola vincolante in materia.

SCHEDE RIASSUNTIVE

(Conciliatore Bancario Finanziario)

- *(servizio)* GIURI' BANCARIO
- *(chi)* esclusivamente i clienti
- *(quando)* tutte le controversie in ramo bancario e finanziario ad esclusione di quelle di competenza dell'Arbitrato Bancario Finanziario e cioè controversie attinenti a servizi e attività di investimento e quelle di competenza della Consob ossia la risoluzione di controversie insorte tra gli investitori e gli intermediari per la violazione da parte di questi degli obblighi di informazione, correttezza e trasparenza previsti nei rapporti contrattuali con gli investitori
- *(quanto)* Gratuito
- *(perché)* decide gratuitamente entro novanta giorni

(Arbitrato Bancario Finanziario)

- *(servizio)* COLLEGGIO ARBITRALE
- *(chi)* esclusivamente i clienti
- *(quando)* tutte le controversie in ramo bancario e finanziario ad esclusione di quelle di competenza della Consob e tutte le operazioni o comportamenti anteriori al 1° gennaio 2007
- *(quanto)* gratuitamente
- *(perché)* decide gratuitamente entro sessanta giorni, anche se la decisione non è vincolante in caso di inadempimento è prevista la pubblicazione di tale impedimento da parte dell'intermediario

(Consob)

- *(servizio)* CONCILIAZIONE STRAGIUDIZIALE
- *(chi)* esclusivamente gli investitori
- *(quando)* controversie insorte tra gli investitori e gli intermediari per la violazione da parte di questi degli obblighi di informazione, correttezza e trasparenza previsti nei rapporti contrattuali con gli investitori
- *(quanto)* dipende dall'importo della disputa(allegato 2 del regolamento)
- *(perché)* rapida e flessibile

- *(servizio)* ARBITRATO AMMINISTRATO ORDINARIO
- *(chi)* entrambe le parti, di solito tramite clausola contrattuale
- *(quando)* controversie insorte tra gli investitori e gli intermediari per la violazione da parte di questi

degli obblighi di informazione, correttezza e trasparenza previsti nei rapporti contrattuali con gli investitori

- *(quanto)* dipende dall'importo della disputa(allegato 2 del regolamento)
- *(perché)* rapido e accessibile da entrambe le parti in lite

- *(servizio)* ARBITRATO AMMINISTRATO SEMPLIFICATO
- *(chi)* esclusivamente gli investitori
- *(quando)* controversie insorte tra gli investitori e gli intermediari per la violazione da parte di questi degli obblighi di informazione, correttezza e trasparenza previsti nei rapporti contrattuali con gli investitori
- *(quanto)* dipende dall'importo della disputa(allegato 2 del regolamento)

- *(perché)* più rapido e informale dell'arbitrato ordinario

(Mediatori privati)

- *(servizio)* MEDIAZIONE
- *(chi)* entrambe le parti
- *(quando)* controversie bancarie e finanziarie che non siano di competenza della Consob o dell'Arbitrato Bancario Finanziario
- *(quanto)* dipende dall'organismo
- *(perché)* maggiore scelta e flessibilità

CONCLUSIONI

Alla luce di quanto esposto nei capitoli precedenti, non sarà certamente sfuggito neanche al lettore meno attento che il settore bancario e quello finanziario rappresentano una materia meritevole di un'attenzione particolare, vuoi per la tecnicità delle operazioni, vuoi per il fatto che coinvolge un altissimo numero di soggetti, ma rimane comunque oggetto di tutela speciale, non a caso il legislatore e l'iniziativa privata hanno creato un vasto sistema di soggetti e di strumenti a disposizione del cliente, dal reclamo al ricorso alla Camera della Consob, per consentire la risoluzione della controversia nel modo più rapido, pacifico ed economico. Detto questo non posso che augurarmi che questo mio lavoro sia risultato una bussola utile per muoversi con più nitidezza in questa materia così importante e articolata.

BIBLIOGRAFIA

- Manuale di diritto bancario e degli operatori finanziari, di *Francesco Giorgianni e Carlo-Maria Tardivo*, editore *Giuffrè 2010*

- Mediazione-ABF-Camera di conciliazione Consob, nelle controversie Bancarie e Finanziarie, di *Elisabetta Mazzoli, Evandro Bocchini*, editore *Maggioli 2011*

- Mediazione camera di conciliazione arbitro bancario finanziario. Modelli alternativi di risoluzione delle controversie bancarie e finanziarie a confronto, di *Diego Rossano*, editore *Editoriale Scientifica 2012*

SITOGRAFIA

- *http://www.arbitrobancariofinanziario.it*
- *http://www.conciliatorebancario.it/*
- *http://www.camera-consob.it/*
- *http://www.bancaditalia.it*
- *http://www.adiconsum.it*
- *http://www.mondoadr.it*
- *http://www.altalex.com*
- *http://ec.europa.eu*
- *http://fe.abi.it/*

www.ingramcontent.com/pod-product-compliance
Lightning Source LLC
Chambersburg PA
CBHW072300170526
45158CB00003BA/1120